Bolos Rápidos II

mini cozinha

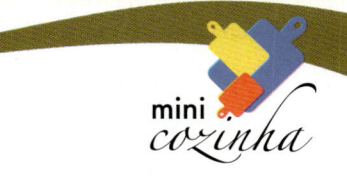

Neste livro você vai encontrar receitas de bolos bem diferentes, como o Bolo de Caneca, que é feito em porção individual no micro-ondas, e o Bolo Delicioso de Maçã, cuja massa é preparada diretamente na fôrma. Há também bolos simples, para acompanhar um cafezinho, e outros deslumbrantes, como o Maravilha de Morango e o Bolo de Pêssego com Merengue. E, para encantar a criançada, delícias confeitadas: Forminhas de Baunilha e Bolo de Confete. É difícil escolher por onde começar!

MELHORAMENTOS

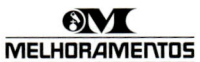

Bolo Queijadinha

Calorias por porção: 364

dificuldade FÁCIL | tempo de preparo 35 minutos | rendimento 8 porções

INGREDIENTES

- 3 ovos
- 1 lata de leite condensado
- 200 g de coco ralado
- 2 colheres (sopa) de margarina
- 3 colheres (chá) de fermento em pó

MODO DE FAZER

Bata todos os ingredientes no liquidificador até ficar homogêneo. Despeje a massa numa fôrma para pudim muito bem untada. Cubra a fôrma com papel-alumínio e leve ao forno médio, preaquecido, para assar por cerca de 25 minutos. Comece a testar o cozimento com um palito a partir dos 15 minutos. Quando o palito sair seco, retire o papel-alumínio e deixe dourar levemente por alguns minutos.

DICA MINI COZINHA
Cuidado! Fique atenta enquanto o bolo doura, pois ele pode queimar rapidamente.

Bolo de Banana com Casca

Calorias por porção: 531

dificuldade FÁCIL | tempo de preparo 50 minutos | rendimento 10 porções

INGREDIENTES

- 5 bananas-nanicas
- 1/2 xícara (chá) de óleo
- 3 ovos
- 3 xícaras (chá) de açúcar
- 3 xícaras (chá) de farinha de rosca
- 1 colher (sopa) de fermento em pó

MODO DE FAZER

Unte uma fôrma de buraco no meio e polvilhe com farinha de rosca. Preaqueça o forno em temperatura média. Lave bem as bananas e corte em rodelas grossas, sem tirar a casca. Bata no liquidificador as rodelas de banana, o óleo e os ovos. Passe essa mistura para uma tigela. Junte o açúcar, a farinha de rosca e o fermento, misturando muito bem. Despeje a massa na fôrma preparada. Leve ao forno quente para assar até que, espetando um palito, este saia seco. Desenforme depois de frio e polvilhe com açúcar e canela.

Bolo Maravilha de Morango

  dificuldade FÁCIL  tempo de preparo 50 minutos  rendimento 12 porções

Calorias por porção: 343

INGREDIENTES

Massa: · 4 xícaras (chá) de morango · 4 ovos · 1 xícara (chá) de açúcar · 1/2 xícara (chá) de óleo · 3 xícaras (chá) de farinha de trigo · 2 colheres (sopa) de fermento em pó

Cobertura (suspiro de morango): · 3 claras · 1 xícara (chá) de açúcar · 2 colheres (sopa) de refresco de morango em pó · 1 colher (sopa) de água quente · Coco ralado para polvilhar

MODO DE FAZER

Unte uma assadeira e polvilhe com farinha. Preaqueça o forno em temperatura média. Massa: Amasse os morangos e reserve. Bata no liquidificador os ovos, o açúcar e o óleo. Adicione o morango amassado e bata rapidamente. Misture a farinha e o fermento em uma tigela, acrescente a mistura batida e mexa bem. Despeje a massa na assadeira e leve ao forno quente para assar até dourar. Cobertura: Bata as claras em neve, junte o açúcar e bata até obter um suspiro firme. Acrescente o pó para refresco dissolvido na água quente e bata mais um pouco. Retire o bolo do forno, espere esfriar e desenforme. Aplique a cobertura e polvilhe coco ralado.

Bolo de Polvilho

Calorias por porção: 311

dificuldade: FÁCIL
tempo de preparo: 40 minutos
rendimento: 8 porções

INGREDIENTES
- 2 xícaras (chá) de polvilho doce
- 1 xícara (chá) de leite
- 1 xícara (chá) de açúcar
- 1/3 xícara (chá) de óleo
- 1 pacote (100 g) de queijo ralado
- 4 ovos
- 1 colher (sopa) de fermento em pó

MODO DE FAZER
Bata todos os ingredientes, menos o fermento, no liquidificador até ficar homogêneo. Adicione o fermento e misture bem com uma colher. Despeje a massa numa fôrma untada e leve ao forno preaquecido para assar até dourar.

Bolo de Fubá com Laranja

Calorias por porção: 460

dificuldade: FÁCIL
tempo de preparo: 50 minutos
rendimento: 12 porções

INGREDIENTES
Massa: · 1 xícara (chá) de farinha de trigo · 1 xícara (chá) de fubá
· 4 ovos · 2 xícaras (chá) de açúcar
· 1/2 xícara (chá) de óleo · 1 xícara (chá) de suco de laranja · 1 colher (sopa) de fermento em pó
Cobertura: · 200 g de chocolate ao leite · 1 lata de creme de leite
· 4 colheres (sobremesa) de suco de laranja

DICA MINI COZINHA
No lugar do suco de laranja, você pode usar suco de maracujá.

MODO DE FAZER
Unte uma fôrma e polvilhe com farinha. Preaqueça o forno em temperatura média. Massa: Peneire juntos a farinha e o fubá e reserve. Separe as gemas das claras. Coloque as gemas na tigela da batedeira e bata com o açúcar por 5 minutos. Adicione o óleo, sem parar de bater. Acrescente o suco de laranja e os ingredientes peneirados. Em outra tigela, bata as claras com o fermento até obter ponto de neve. Junte à massa, mexendo delicadamente. Despeje a massa na fôrma e leve ao forno quente para assar por cerca de 30 minutos. Cobertura: Enquanto o bolo assa, pique o chocolate e derreta junto com o creme de leite em fogo bem baixo. Depois que tiver derretido completamente, tire do fogo e misture o suco de laranja. Regue o bolo ainda quente.

Bolo de Cenoura com Cobertura de Chocolate

Calorias por porção: 441

 dificuldade
FÁCIL

 tempo de preparo
45 minutos

 rendimento
12 porções

INGREDIENTES

Massa: · 4 ovos · 1 copo de óleo · 3 cenouras médias picadas · 3 xícaras (chá) de farinha de trigo · 2 xícaras (chá) de açúcar · 1 colher (sopa) de fermento em pó
Cobertura: · 3 potinhos (330 g) de sobremesa láctea cremosa de chocolate

MODO DE FAZER

Unte uma assadeira e polvilhe com farinha de trigo. Preaqueça o forno em temperatura média. Bata no liquidificador os ovos, o óleo e a cenoura. Peneire juntos em uma tigela a farinha de trigo, o açúcar e o fermento. Acrescente os ingredientes batidos e misture bem. Despeje a massa na assadeira e leve ao forno quente para assar por 20 minutos. Tire do forno e espere amornar. Desenforme, corte em quadrados e arrume-os em pratinhos individuais. Despeje a cobertura por cima.

Bolo Econômico de Coco

Calorias por porção: 330

INGREDIENTES
- 1 pacote (100 g) de coco ralado
- 1 1/2 xícara (chá) de leite
- 1 xícara (chá) de açúcar
- 1 ovo
- 2 colheres (sopa) de margarina
- 2 xícaras (chá) de farinha de trigo
- 1 colher (sopa) bem cheia de fermento em pó

MODO DE FAZER
Unte uma fôrma e polvilhe com farinha. Preaqueça o forno em temperatura média. Coloque o coco de molho em 1/2 xícara de leite e reserve. Bata no liquidificador o restante do leite, o açúcar, o ovo e a margarina. Acrescente a farinha de trigo, um pouco por vez, batendo sempre até ficar homogêneo. Retire o copo do liquidificador e misture com uma colher o coco reservado e o fermento. Despeje a massa na fôrma e leve ao forno quente para assar por cerca de 35 minutos ou até dourar.

Bolo de Milharina

Calorias por porção: 360

INGREDIENTES
- 3 ovos
- 1 lata de milho verde, escorrido
- 1 lata de leite
- 1 lata de milharina
- 1 1/2 lata de açúcar
- 1/2 lata de óleo
- 1 colher (sopa) de fermento em pó

MODO DE FAZER
Coloque os ovos no liquidificador e bata, adicionando todos os outros ingredientes, pela ordem. Despeje a massa numa assadeira untada e enfarinhada. Leve ao forno médio, preaquecido, para assar por cerca de 35 minutos ou até dourar.

Use como medida a lata de milho verde vazia.

Bolo Delicioso de Maçã

Calorias por porção: 194

dificuldade FÁCIL
tempo de preparo 1 hora
rendimento 10 porções

INGREDIENTES

- 2 maçãs
- 2 colheres (sopa) de açúcar para polvilhar
- 1 xícara (chá) de farinha de trigo
- 1 xícara (chá) de açúcar
- 1 colher (sopa) de fermento em pó
- 2 colheres (chá) de canela em pó
- 3 colheres (sopa) de margarina
- 2 ovos
- 1 xícara (chá) de leite

DICA MINI COZINHA

Você pode substituir a maçã por banana.

MODO DE FAZER

Preaqueça o forno a 200°C. Unte uma assadeira de 24 x 24 cm. Descasque as maçãs e corte em fatias finas. Coloque numa tigela e polvilhe com as 2 colheres de açúcar. Misture bem a farinha, o açúcar e o fermento. Espalhe metade dessa mistura no fundo da assadeira untada. Distribua as fatias de maçã e regue com o líquido que se formou; polvilhe com a canela. Distribua a margarina em pedacinhos e cubra com o restante da mistura de farinha. Bata os ovos e misture com o leite, depois despeje na assadeira por cima de tudo. Com um garfo, espete a massa crua para que o líquido penetre. Leve ao forno quente para assar por cerca de 35 minutos ou até dourar.

Bolo de Caneca

Calorias por porção: 1185

 dificuldade FÁCIL

 tempo de preparo 5 minutos

 rendimento 1 porção

INGREDIENTES

Massa: · 4 colheres (sopa) de farinha de trigo · 4 colheres (sopa) de açúcar · 4 colheres (sopa) de achocolatado em pó · 1 ovo · 2 colheres (sopa) de leite · 2 colheres (sopa) de óleo · Chocolate granulado, confetes ou cereais em formato de estrelinhas para decorar

Cobertura: · 1 colher (sopa) de açúcar · 1 colher (sopa) de achocolatado em pó · 1 colher (sopa) de leite · 1 colher (sobremesa) rasa de manteiga

PASSO A PASSO DO MODO DE FAZER

1· Massa: Em uma caneca de 300 ml que possa ir ao micro-ondas, misture bem a farinha, o açúcar e o achocolatado.

2· Acrescente o ovo e misture bem com um garfo.

3· Por último, misture o leite e o óleo.

4· Leve ao micro-ondas em potência alta por 3 minutos (veja dica ao lado).

5· Cobertura: Misture todos os ingredientes e leve ao micro-ondas por 30 segundos em potência alta.

6· Despeje a cobertura sobre o bolo na caneca.

7· Polvilhe com o confeito escolhido.

Importante:
A partir da metade do tempo, quando a massa começar a subir, desligue o micro-ondas. Espere abaixar e ligue novamente. Repita a operação até que a massa não abaixe mais: o bolo estará pronto.

DICA MINI COZINHA

Bolo Natural

Calorias por porção: 289

INGREDIENTES

- 2 xícaras (chá) de farinha de trigo integral
- 1 xícara (chá) de açúcar mascavo
- 1 colher (sopa) de fermento em pó
- 2 ovos orgânicos
- 1/2 xícara (chá) de óleo vegetal

MODO DE FAZER

Unte uma fôrma para pudim pequena e polvilhe com farinha. Preaqueça o forno em temperatura média. Coloque numa tigela os 3 primeiros ingredientes e misture com uma colher de pau. Acrescente os ovos e o óleo e mexa bem até obter uma massa homogênea. Despeje a massa na fôrma preparada e leve ao forno quente para assar por cerca de 35 minutos ou até dourar.

DICA MINI COZINHA
Para variar o sabor, acrescente à massa raspas de limão ou maçã picada.

Bolo de Nozes com Iogurte

Calorias por porção: 302

INGREDIENTES

- 3 ovos · 2 xícaras (chá) de açúcar
- 1/2 xícara (chá) de manteiga
- 2 xícaras (chá) de farinha de trigo
- 1 colher (sopa) de fermento em pó
- 1 pote (200 g) de iogurte natural
- 1 xícara (chá) de nozes picadas

MODO DE FAZER

Unte uma fôrma e polvilhe com farinha. Preaqueça o forno em temperatura média. Separe as gemas das claras. Bata as claras em neve e reserve. Na batedeira, bata as gemas com o açúcar e a manteiga. Acrescente a farinha de trigo, o fermento e o iogurte. Retire da batedeira e misture primeiro as nozes, depois as claras em neve, mexendo delicadamente. Despeje a massa na fôrma e leve ao forno quente para assar por cerca de 35 minutos ou até dourar.

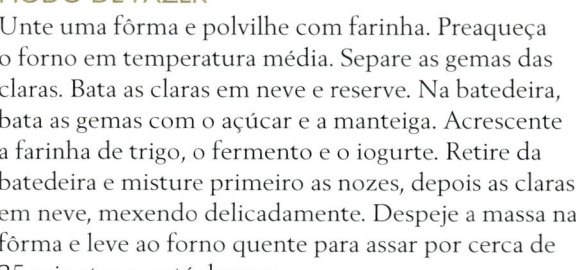

Brownie Rápido
Calorias por porção: 415

 dificuldade
FÁCIL

 tempo de preparo
50 minutos

 rendimento
12 porções

INGREDIENTES
· 4 ovos · 2 xícaras (chá) de açúcar
· 6 colheres (sopa) bem cheias de manteiga · 1 xícara (chá) de leite
· 1 xícara (chá) de chocolate em pó
· 1 1/4 xícara (chá) de farinha de trigo · 1 pitada de sal · 1 colher (chá) de essência de baunilha
· 1 tablete (200 g) de chocolate meio amargo picado em cubinhos
· 1 xícara (chá) de nozes picadas
· 1 colher (sopa) de fermento em pó

MODO DE FAZER
Unte uma assadeira e polvilhe com farinha ou forre com papel-manteiga. Preaqueça o forno em temperatura média. Coloque numa tigela os ovos e o açúcar e bata bem com uma colher de pau. Depois, vá adicionando os demais ingredientes, pela ordem, e batendo sempre até obter uma massa homogênea. Despeje a massa na assadeira preparada e leve ao forno quente para assar por cerca de 35 minutos ou até dourar. Corte em quadrados e sirva ainda morno, acompanhado de sorvete de creme.

Bolo de Soja

Calorias por porção: 229

 dificuldade FÁCIL    tempo de preparo 50 minutos    rendimento 8 porções

INGREDIENTES
- 2 ovos
- 2 colheres (sopa) de manteiga
- 1/2 xícara (chá) de açúcar
- 1 xícara (chá) de leite
- 200 g de farinha de soja
- 1/2 colher (chá) de sal
- 2 colheres (chá) de fermento em pó

MODO DE FAZER

Unte uma fôrma e polvilhe com farinha. Preaqueça o forno em temperatura média. Separe as claras das gemas. Bata as claras em ponto de neve e reserve. Bata na batedeira as gemas com a manteiga e o açúcar. Sem parar de bater, acrescente o leite, a farinha de soja e o sal. Retire da batedeira, adicione o fermento e as claras em neve e mexa delicadamente.

Despeje a massa na fôrma e leve ao forno quente para assar por cerca de 30 minutos ou até dourar.

DICA MINI COZINHA: Você pode substituir o leite por leite de coco.

Bolo de Abacate

Calorias por porção: 341

 dificuldade FÁCIL    tempo de preparo 45 minutos    rendimento 10 porções

INGREDIENTES
- 2 xícaras (chá) de farinha de trigo
- 1 colher (sopa) de fermento em pó
- 1 abacate maduro picado
- 4 ovos
- 1/2 xícara (chá) de óleo
- 1 xícara (chá) de açúcar

MODO DE FAZER

Unte e polvilhe com farinha uma fôrma de buraco no meio de 22 cm de diâmetro. Preaqueça o forno em temperatura média. Em uma tigela, misture a farinha com o fermento e reserve. Bata no liquidificador o abacate picado, os ovos, o óleo e o açúcar até ficar homogêneo. Despeje a mistura batida sobre a farinha reservada e mexa bem com uma colher. Despeje a massa na fôrma e leve ao forno quente para assar por cerca de 30 minutos ou até dourar.

Forminhas de Baunilha

Calorias por porção: 454

 dificuldade FÁCIL
 tempo de preparo 40 minutos
 rendimento 9 forminhas

INGREDIENTES

Massa: · 225 g de manteiga amolecida · 225 g de açúcar · 225 g de farinha de trigo com fermento · 1 colher (chá) de fermento em pó · 4 ovos · 1 colher (chá) de essência de baunilha

Cobertura: · 3 claras · 9 colheres (sopa) de açúcar de confeiteiro · Corante da cor preferida · Confeitos coloridos para decorar (opcional)

MODO DE FAZER

Forre a assadeira de forminhas com as forminhas de papel. Preaqueça o forno em temperatura média. Massa: Coloque todos os ingredientes da massa na tigela grande da batedeira e bata por 3 minutos ou até ficar homogêneo. Distribua a massa nas forminhas, leve ao forno quente e asse por 20 minutos ou até ficarem crescidas e douradas. Transfira para uma grade de metal até esfriarem completamente. Cobertura: Bata as claras em neve firme. Acrescente aos poucos o açúcar de confeiteiro peneirado e continue batendo até que fique bem firme. Adicione o corante (aqui usamos um pouquinho de corante amarelo). Faça uma espiral sobre as forminhas e, se quiser, decore com confeitos.

Bolo de Queijo

Calorias por porção: 330

 dificuldade FÁCIL
 tempo de preparo 30 minutos
 rendimento 8 porções

INGREDIENTES

- 3 ovos
- 1 vidro pequeno (200 ml) de leite de coco
- 1 xícara (chá) de leite
- 1 xícara (chá) de farinha de trigo
- 1 xícara (chá) de açúcar
- 1 pacote (100 g) de queijo ralado
- 2 colheres (sopa) de margarina
- 1 colher (chá) de fermento em pó

MODO DE FAZER

Unte e polvilhe com farinha uma fôrma para pudim pequena. Preaqueça o forno em temperatura média. Bata todos os ingredientes no liquidificador até ficar homogêneo. Despeje a massa na fôrma e leve ao forno quente para assar até dourar.

DICA MINI COZINHA: Se quiser, polvilhe o bolo com uma mistura de açúcar de confeiteiro peneirado e canela em pó.

Bolo de Manga

Calorias por porção: 337

 dificuldade FÁCIL
 tempo de preparo 45 minutos
 rendimento 10 porções

INGREDIENTES

Massa:
- 1 manga grande cortada em pedaços
- 1 1/2 xícara (chá) de leite
- 2 colheres (sopa) de óleo
- 5 ovos
- 2 xícaras (chá) de açúcar
- 2 xícaras (chá) de farinha de trigo
- 1 colher (sopa) de fermento em pó

Calda:
- 1/2 manga picada
- 2 colheres (sopa) de açúcar

MODO DE FAZER

Unte uma fôrma e polvilhe com farinha. Preaqueça o forno em temperatura média. **Massa:** Bata no liquidificador a manga, o leite, o óleo, os ovos e o açúcar. Passe para uma tigela e acrescente a farinha e o fermento, mexendo com uma colher de pau. Despeje a massa na fôrma e leve ao forno quente para assar por 30 minutos ou até dourar. **Calda:** Enquanto o bolo assa, bata a manga no liquidificador com o açúcar e 1 xícara (chá) de água. Leve ao fogo e ferva até engrossar ligeiramente. Desenforme o bolo, regue com a calda e sirva, decorado com cubinhos de manga.

Bolo de Pêssego com Merengue

Calorias por porção: 353

 dificuldade
FÁCIL

 tempo de preparo
50 minutos

 rendimento
8 porções

INGREDIENTES

- 1 xícara (chá) de farinha de trigo
- 2 colheres (chá) de fermento em pó
- 1/2 colher (chá) de sal
- 1 1/2 xícara (chá) de açúcar
- 3 ovos
- 1/2 xícara (chá) de leite
- 1 tablete (100 g) de margarina
- 1 lata de pêssego em calda, escorrido

MODO DE FAZER

Unte uma fôrma redonda de aro removível. Preaqueça o forno em temperatura média. Peneire numa tigela a farinha, o fermento, o sal e 1/2 xícara de açúcar. Separe as gemas das claras. Junte as gemas, o leite e a margarina aos ingredientes peneirados e misture bem com uma colher de pau. Despeje a massa na fôrma preparada. Bata as claras em neve, junte 1 xícara de açúcar e continue batendo até obter um merengue. Cubra a massa com esse merengue e distribua por cima pedaços de pêssego. Leve ao forno quente para assar por cerca de 30 minutos ou até dourar.

Bolo com Confete

Calorias por porção: 498

 dificuldade FÁCIL  tempo de preparo 45 minutos  rendimento 12 porções

INGREDIENTES

Massa:
- 5 ovos
- 1 xícara (chá) de açúcar
- 1/2 xícara (chá) de leite
- 2 tabletes de margarina (200 g)
- 2 xícaras (chá) de farinha de trigo
- 1 colher (sobremesa) de essência de baunilha
- 1 colher (sopa) de fermento em pó

Cobertura:
- 1 xícara (chá) de confeitos coloridos (confete)
- 200 g de chocolate branco picado
- 1 caixinha de creme de leite

MODO DE FAZER

Unte uma assadeira e polvilhe com farinha. Preaqueça o forno em temperatura média. Massa: Bata no liquidificador os ovos com o açúcar. Sempre batendo, adicione os demais ingredientes. Despeje a massa na assadeira e, sobre ela, espalhe metade dos confetes. Leve ao forno quente para assar até dourar. Cobertura: Enquanto o bolo assa, coloque numa panelinha o chocolate picado e o creme de leite. Leve ao fogo baixo e mexa até obter um creme. Deixe amornar. Retire o bolo do forno, espere esfriar e desenforme. Aplique a cobertura e decore com os confetes restantes.